CB061591

MULHERES
RECICLANDO A ALMA

Para as mulheres da
minha família

e para Glória

MULHERES
RECICLANDO A ALMA Texto e ilustrações de **SIMONE ROMANO**

:grão
editora

Sumário

RECICLANDO A ALMA ———————— 7

SOLTANDO OS CACHORROS ————— 31

DANDO UM TEMPO ————————— 55

RECICLANDO A ALMA

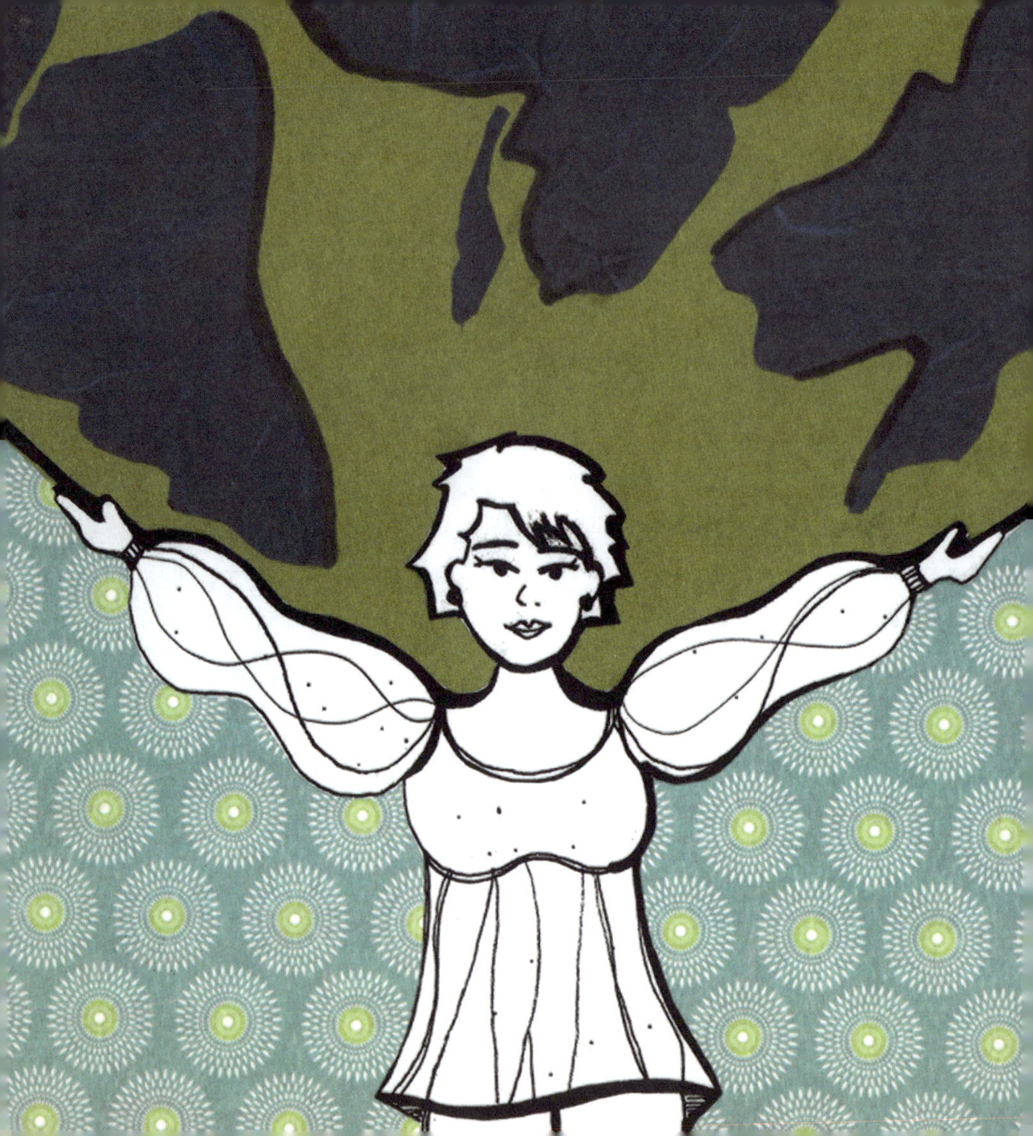

Era uma vez uma mulher chamada Tina.
Ela fazia muitas coisas ao mesmo tempo
e queria fazer tudo muuuuuuuito bem feito.
O problema é que ela nunca se permitia
errar, dizer não, brigar, ter chilique, reclamar,
nem mesmo quando tinha razão.
Ela achava que devia ser Super em tudo!

Ela queria ser Superprofissional, Supermãe,
Supermulher, Superzen, Supercorajosa,
Superboazinha, Superajuda-todo-mundo
e também Supersarada.
UM, DOIS! UM, DOIS!

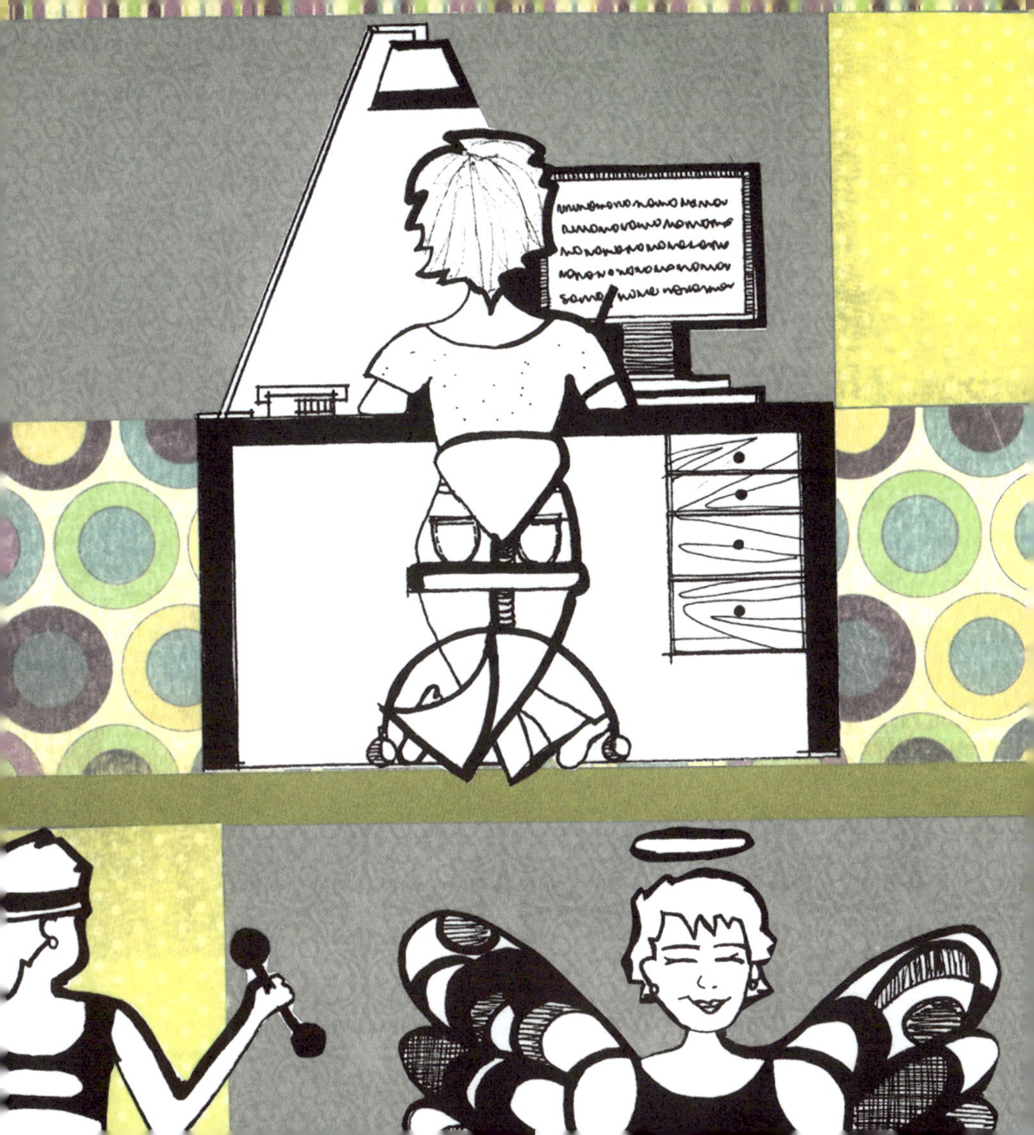

> Era uma vez três porquinhos que moravam com sete anões. Um dia, à meia-noite, apareceu uma bruxa e ...

Para dar conta de tantos superpapéis, ela estava sempre meio apressada e, no fim das contas, ao invés de Supermulher, se sentia era Supercansada, Superculpada e Superfrustrada, pois, por mais que caprichasse, nem sempre as coisas saíam certas...

E assim ela foi levando, até que um dia foi obrigada a tirar umas férias, forçadas. Nessa ocasião, conheceu o seu Silva, que fazia a limpeza da rua. Eles nunca tinham conversado, mas logo ficaram amigos.
Sempre que era possível, conversavam sobre a vida, a natureza, as crianças, os passarinhos e, especialmente, sobre o planeta. Ele parecia não ligar a mínima para o fato de ela ser ou não Superisso ou Superaquilo.

PLÁSTICO   PAPEL   ORGÂNICO

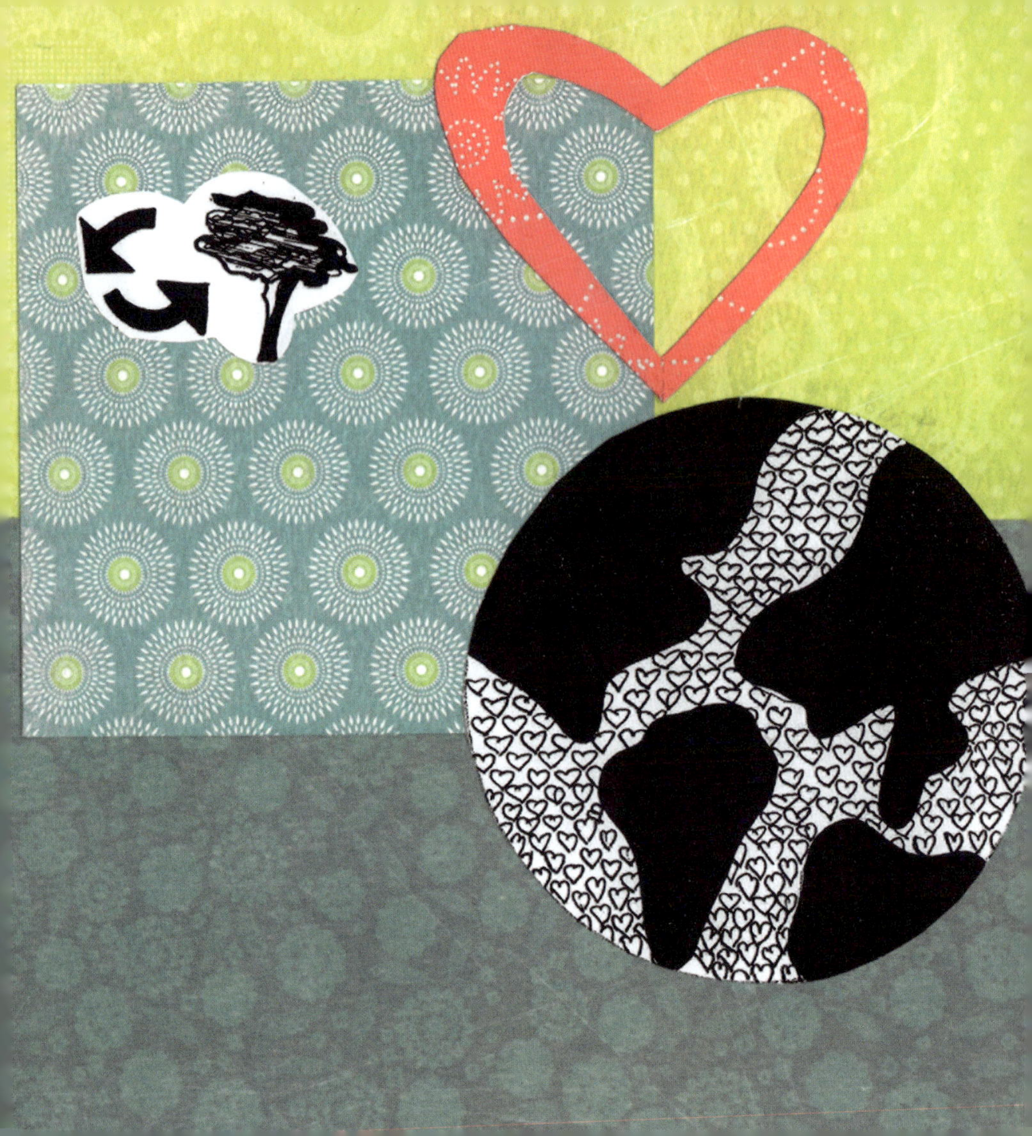

O seu Silva explicou a ela, com muito orgulho, a importância do trabalho dele na coleta seletiva do lixo. Contava, entusiasmado, como os lixos orgânicos poderiam se transformar em esterco, dando mais vida às plantas. Explicava como os metais, plásticos e vidros poderiam ser reciclados para tornarem-se novos objetos, e até como o reaproveitamento e o racionamento do papel evitariam a destruição de mais florestas, melhorando assim a qualidade do ar que a gente respira.

"Se não cuidarmos do planeta, ele adoece", dizia o seu Silva.

Foi aí que Tina se deu conta de que o planeta se parece um pouquinho com a gente: ele também precisa de amor, cuidados e reciclagem. Percebeu, então, que tinha descuidado um pouco de si mesma e decidiu que havia chegado a hora de cuidar do planeta Tina!

COLETA SELETIVA
DO LIXO
DO PLANETA TINA

VIDRO

PLÁSTICO

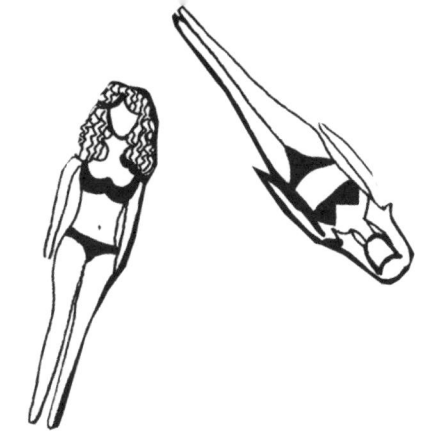

Na coleta seletiva de VIDRO,
livrou-se de velhas mágoas,
que eram como vidro quebrado,
já não tinham jeito e só a feriam
e cortavam por dentro...

No lixo para PLÁSTICO,
jogou fora o antigo sonho
de ter o corpinho da Barbie;
afinal, aquele era um sonho de plástico!

ORGÂNICO

Na coleta de lixo ORGÂNICO, jogou fora:

os abacaxis que pediram que ela descascasse;
os pepinos que jogaram em cima dela;
e os sapos que tentaram fazê-la engolir!

No lixo para PAPEL, foi fácil!

– Lá vai o papel de Supertudo!

E, diante do lixo para METAL, decidiu:

– Chega de levar chumbo!!!
– Adeus, nervos de aço!!!
– Ninguém é de ferro!!!

METAL

PAPEL

Depois disso Tina sentiu-se muito mais leve e feliz.
Principalmente porque percebeu que, mesmo
jogando muita coisa fora, ainda tinha sobrado
taaanta coisa boa dentro dela, sabe?
Nessa limpeza, também achou umas relíquias
pessoais antigas, das quais tinha até se esquecido...
mas, também, no meio de tanto lixo!

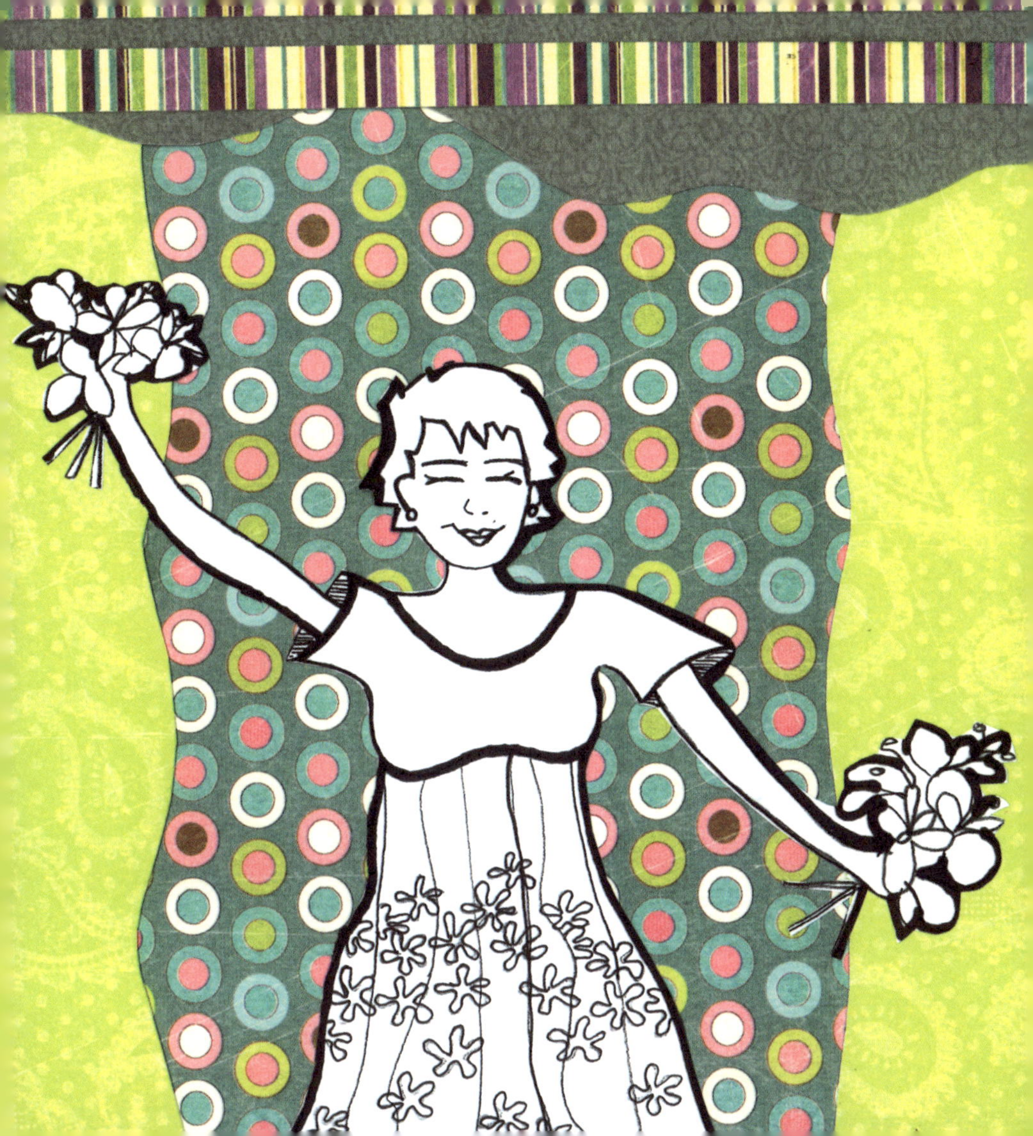

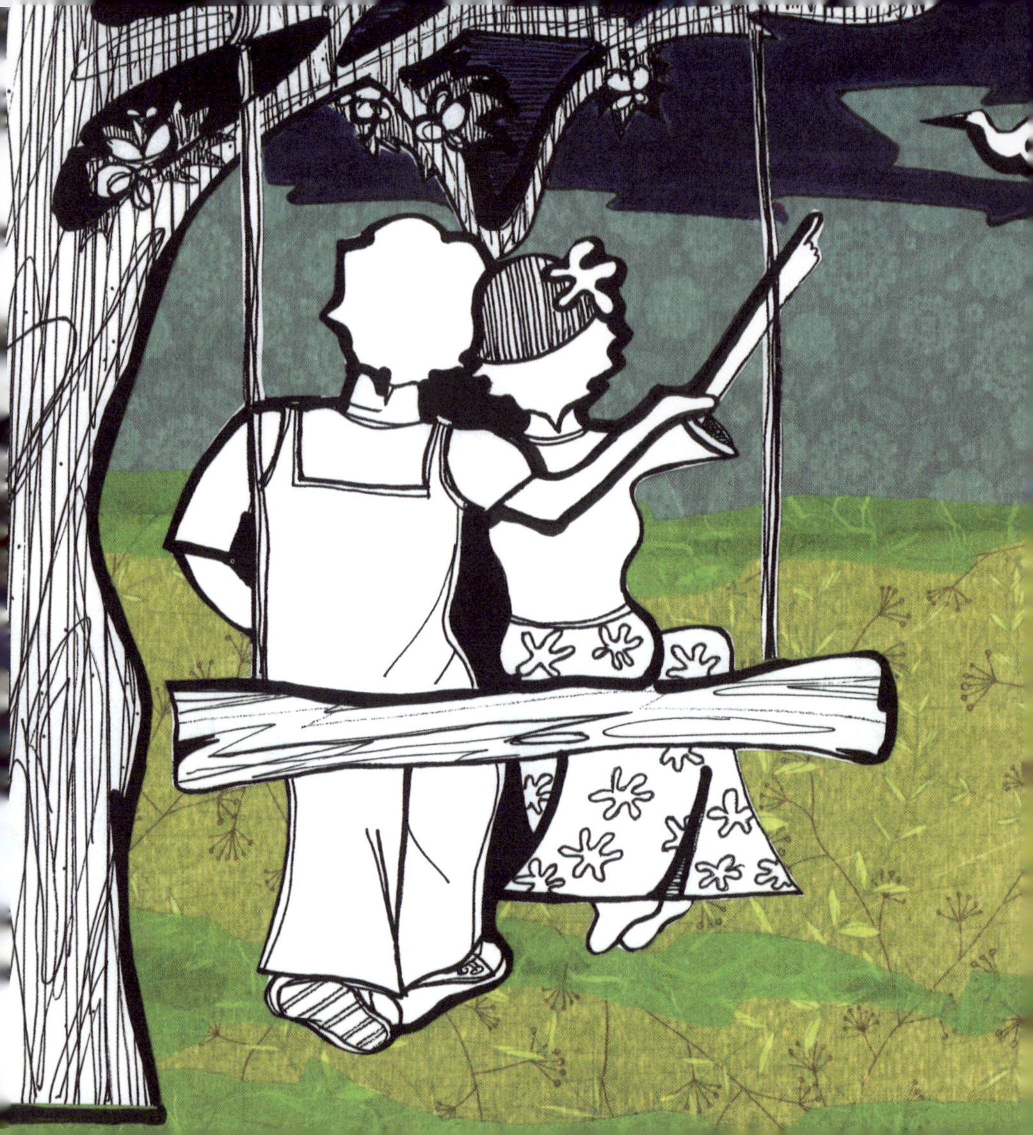

Então, resolveu que, dali em diante, escolheria melhor tudo aquilo que deixaria entrar em seu planeta: livros, alimentos, filmes, músicas, ocupações, companhias...
Tudo agora seria escolhido com outro olhar...
O olhar atento de quem toma as rédeas da própria vida e se percebe livre, podendo reciclar-se e reinventar-se quantas e quantas vezes fossem necessárias.

SOLTANDO OS CACHORROS

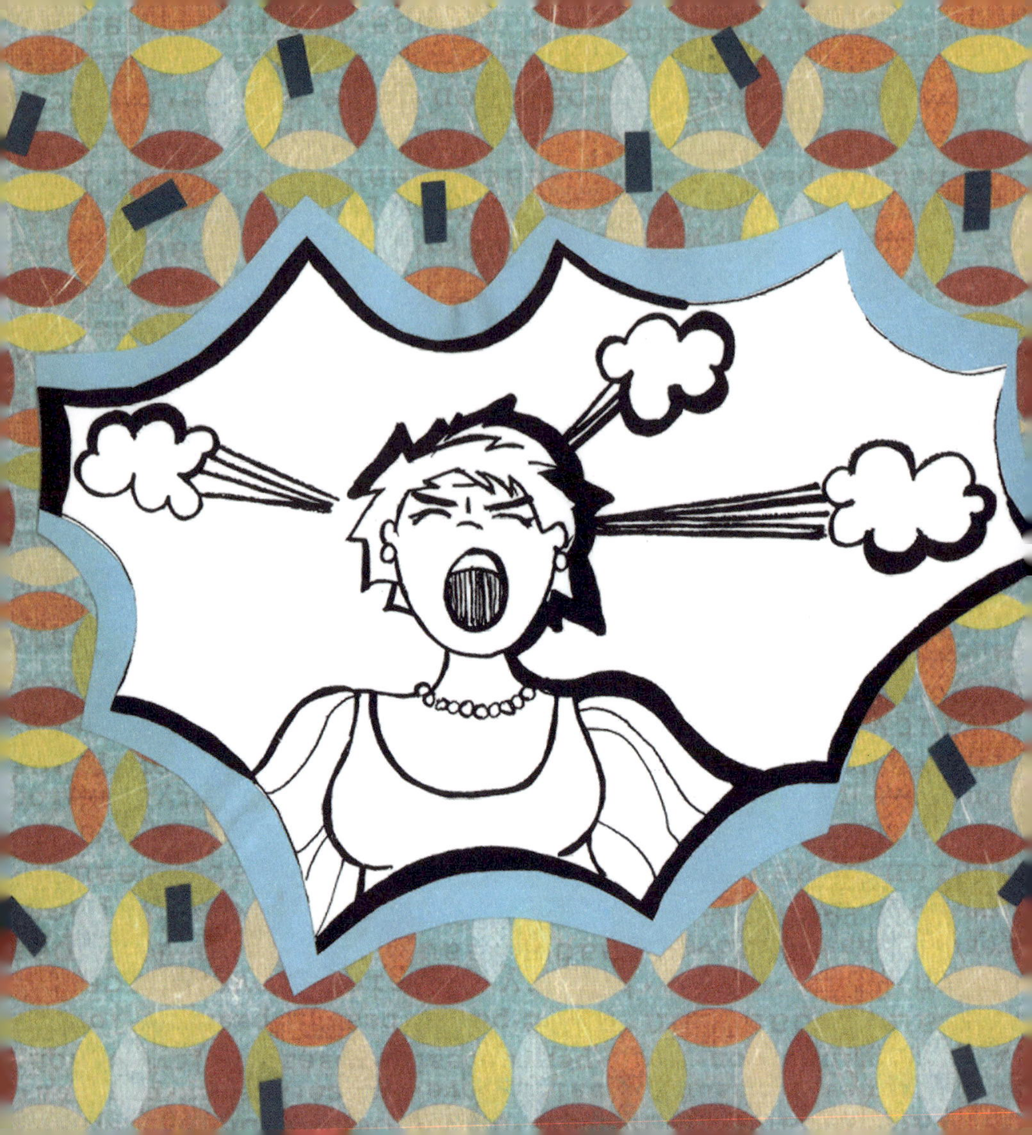

Tina andava com os nervos à flor da pele. Explodia fora de hora e soltava os cachorros por coisas pequenas, que nem mesmo mereciam um pingo de sua energia, e, aí, já viu: sentia-se culpada, ficava esgotada e irritada. O que mais a incomodava era sentir que não tinha muito controle sobre as emoções, que eram por vezes tão contraditórias...

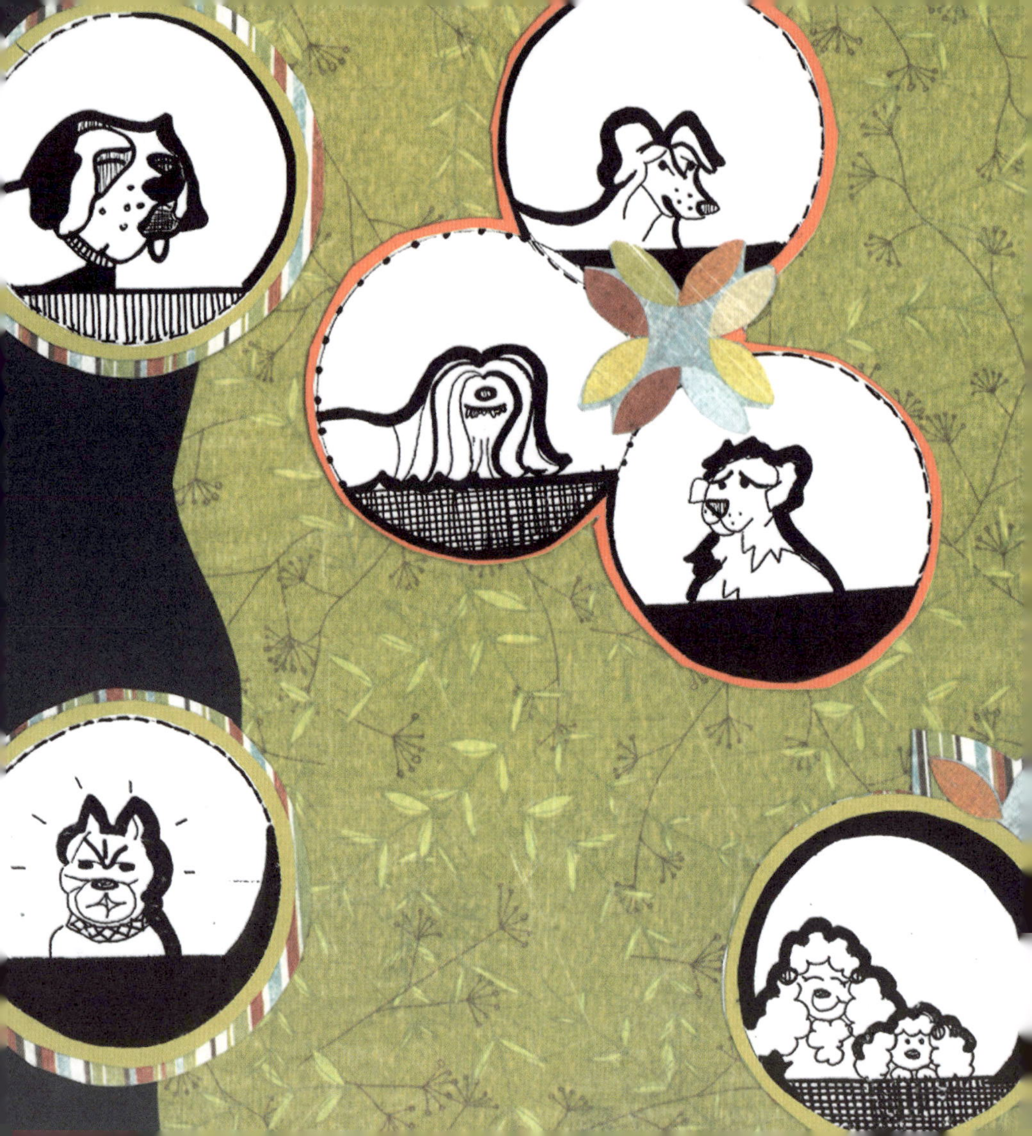

- o Bernardinho é bonachão, mas não suporta calor.

- o Weimaraner, embora devotado à família, tem horror de ficar preso.

- o Floquinho do Tibete é um doce, mas invocado com estranhos.

Um dia, Teté, a irmã de Tina, foi viajar e pediu a ela que, uma vez por semana, levasse os cachorros dela para passear.
Antes mesmo da resposta, Teté começou a dar explicaçõezinhas básicas sobre seus 7 (*se-sete?!*) amigões, já que eram de raças, tamanhos, temperamentos e idades muito diferentes.
– Lembre-se, Tina:

- o Golden é um companheirão para esportes.

- o Pitbull, já sabe, é arisco, e só sai com focinheira.

- as Poodles são agitadas e adoram uma social.

Tina hesitou, mas acabou concordando e pensou até que ia ser legal fazer algo diferente para espairecer a cabeça. No sábado seguinte lá se foi Tina para sua nova experiência: *dog-walker*. Para economizar tempo, saiu com todos de uma só vez, como fazem os *dog-walkers* profissionais. Já tinha visto alguns deles na rua e havia achado aquilo o máximo!

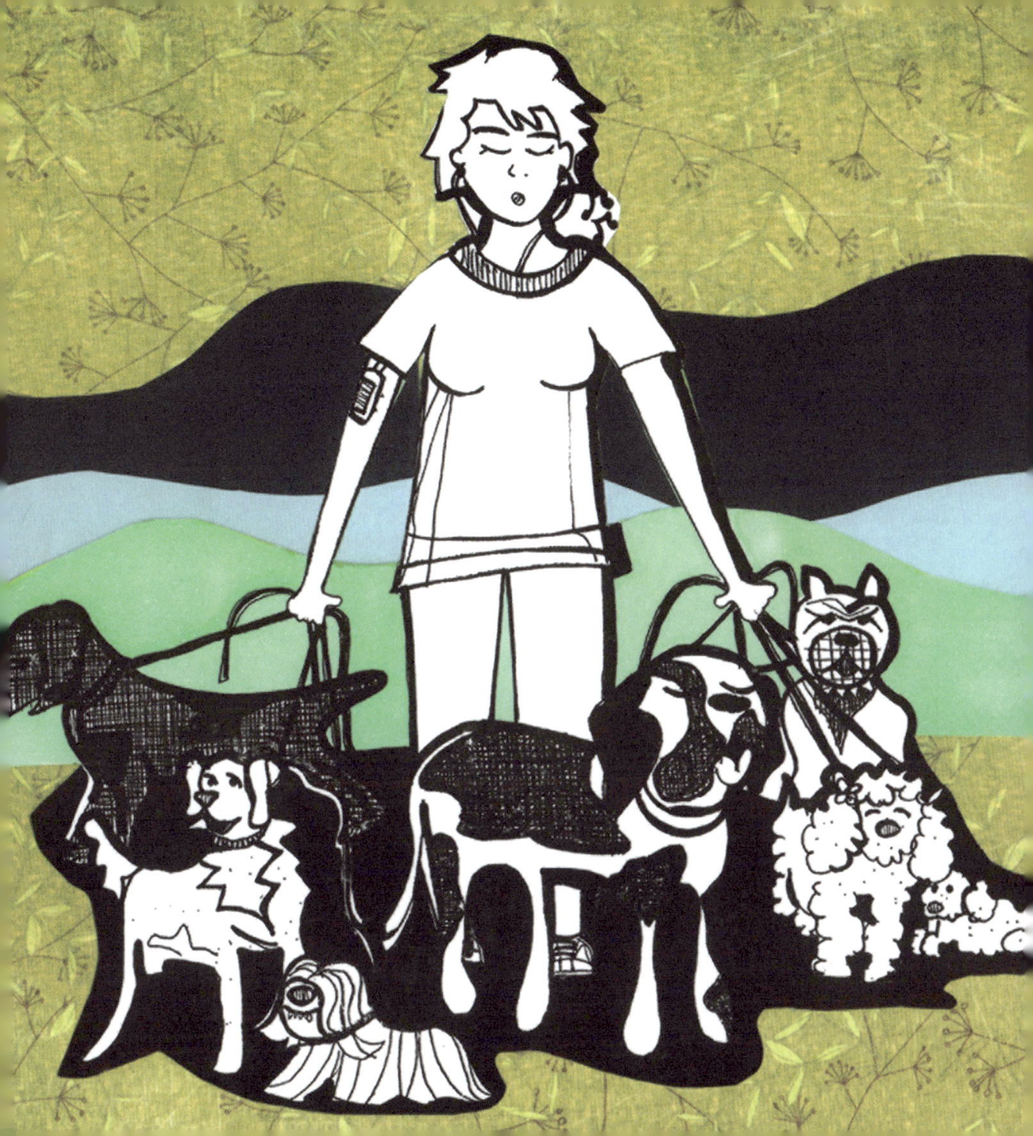

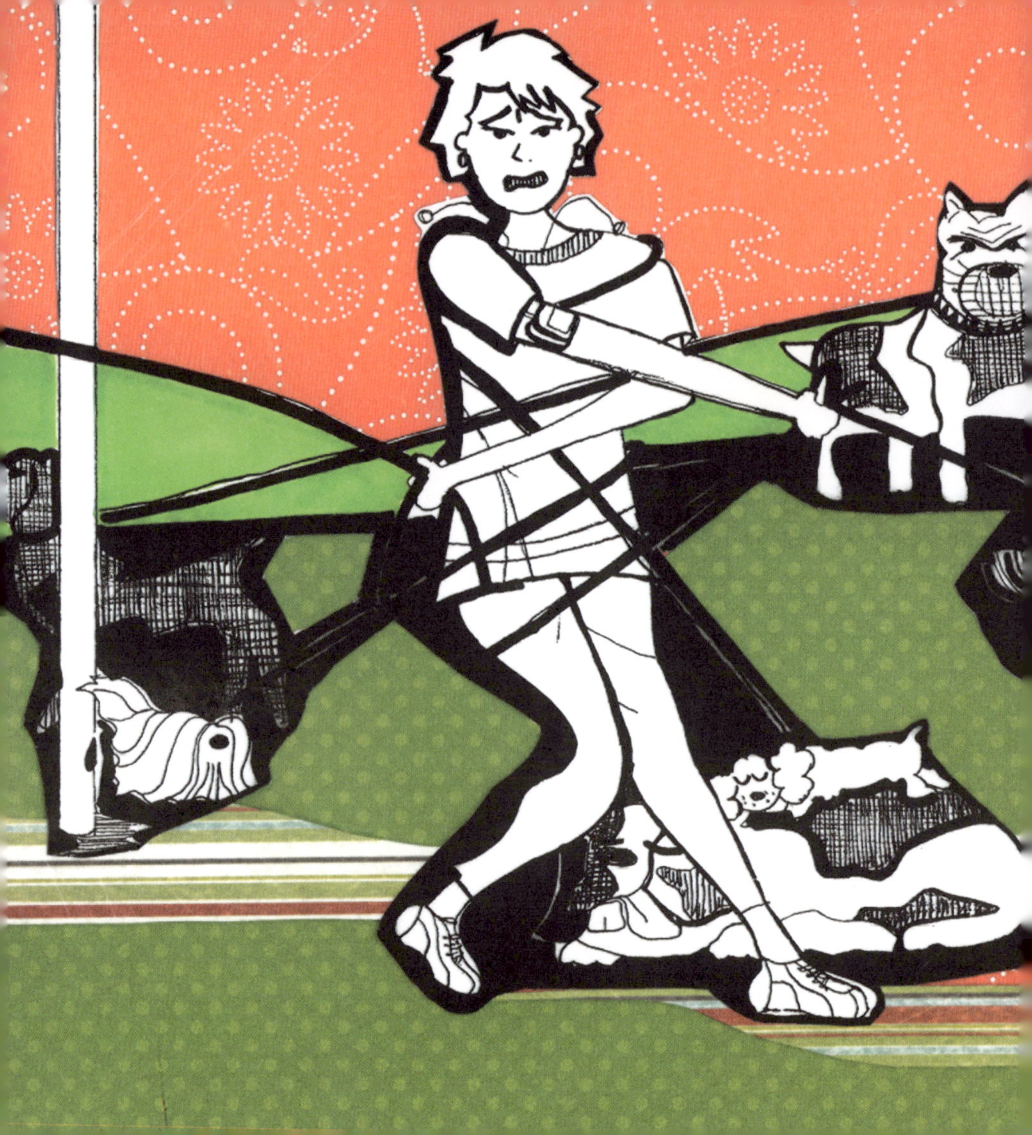

Durante o passeio, Tina se enrolou toda. Descobriu que, além de os "fiéis amigos da Teté" terem personalidades diferentes, possuíam necessidades e instintos diversos. Um tinha sono; outro, fome; outro queria brincar; outro, conhecer "gente nova"; outro invocava com todo mundo...
– Cruuuzes!
Tina tentou de tudo, mas foi somente quando teve um ataque de nervos que conseguiu pôr ordem na casa, ou melhor, arrastá-los na marra para casa. Sentia-se dominada pelos cães.

Depois de pensar um milhão de vezes em abandonar tudo, teve a ideia de levar os cães para passear individualmente. Lembrando-se das dicas da Teté, levou: o invocado Floquinho do Tibete para passear naqueles dias em que ela também estava antissocial; o Weimaraner para uma aventura no campo; o Pitbull para um passeio sem medo pela cidade à noite...

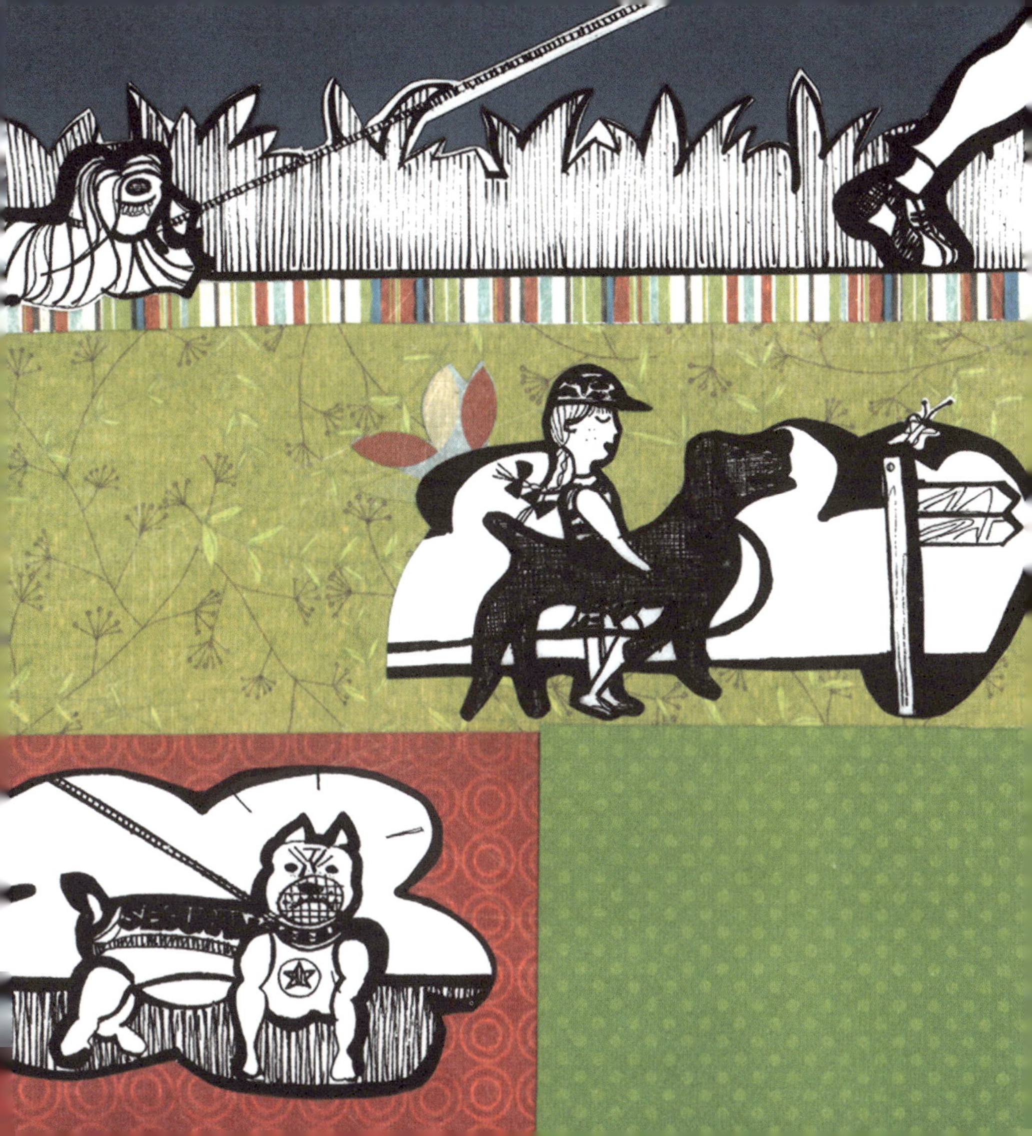

... levou também as Poodles para fazer uma social num parque da cidade; o Bernardinho para curtir um friozinho; e o Golden para nadar com ela na represa.

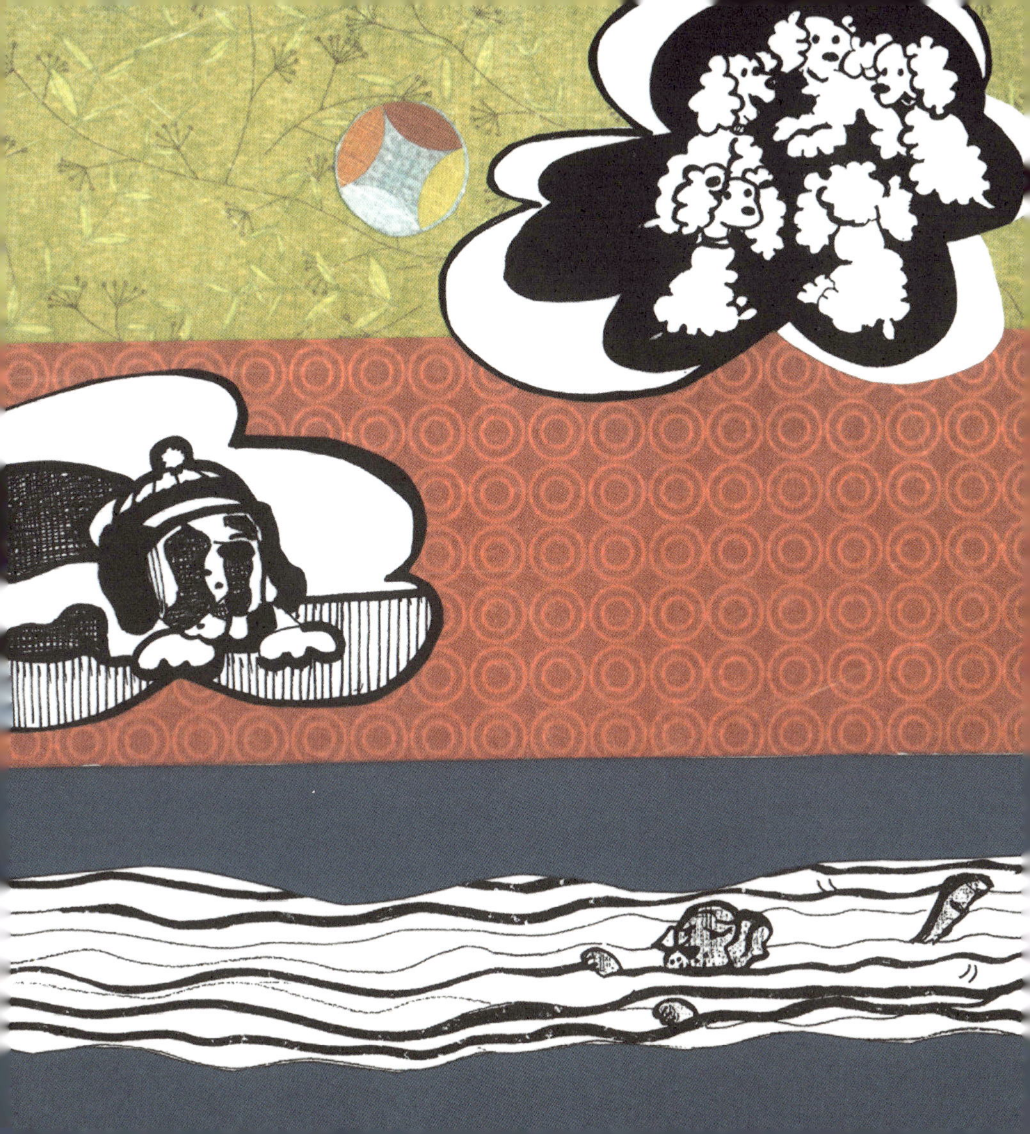

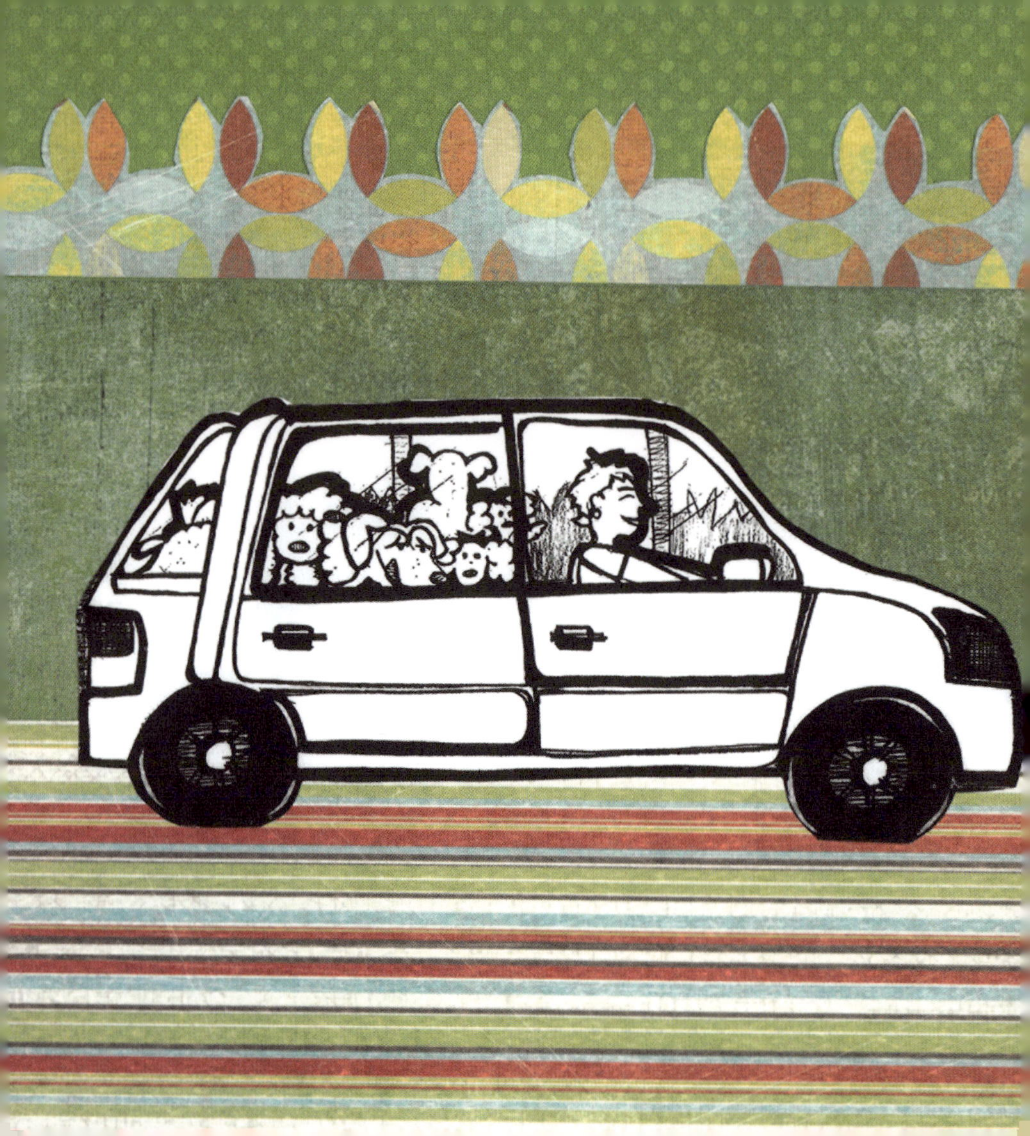

A ideia de levar o cão certo ao passeio certo funcionou!
E o melhor: era ela quem decidia quando, onde e com qual deles ia passear, a hora de voltar, de soltar, de brincar... Finalmente, estava no comando. Com o passar do tempo, foi ficando mais íntima dos bichinhos e cada vez mais apegada a eles. Jamais imaginou que se tornariam seus grandes companheiros!

Com eles aprendeu a:

dar a patinha para aqueles parceiros especiais e para aqueles que tornam o mundo melhor;

fazer festinha para comemorar as pequenas conquistas;

fingir-se de morta para não se influenciar por fofocas e confusões;

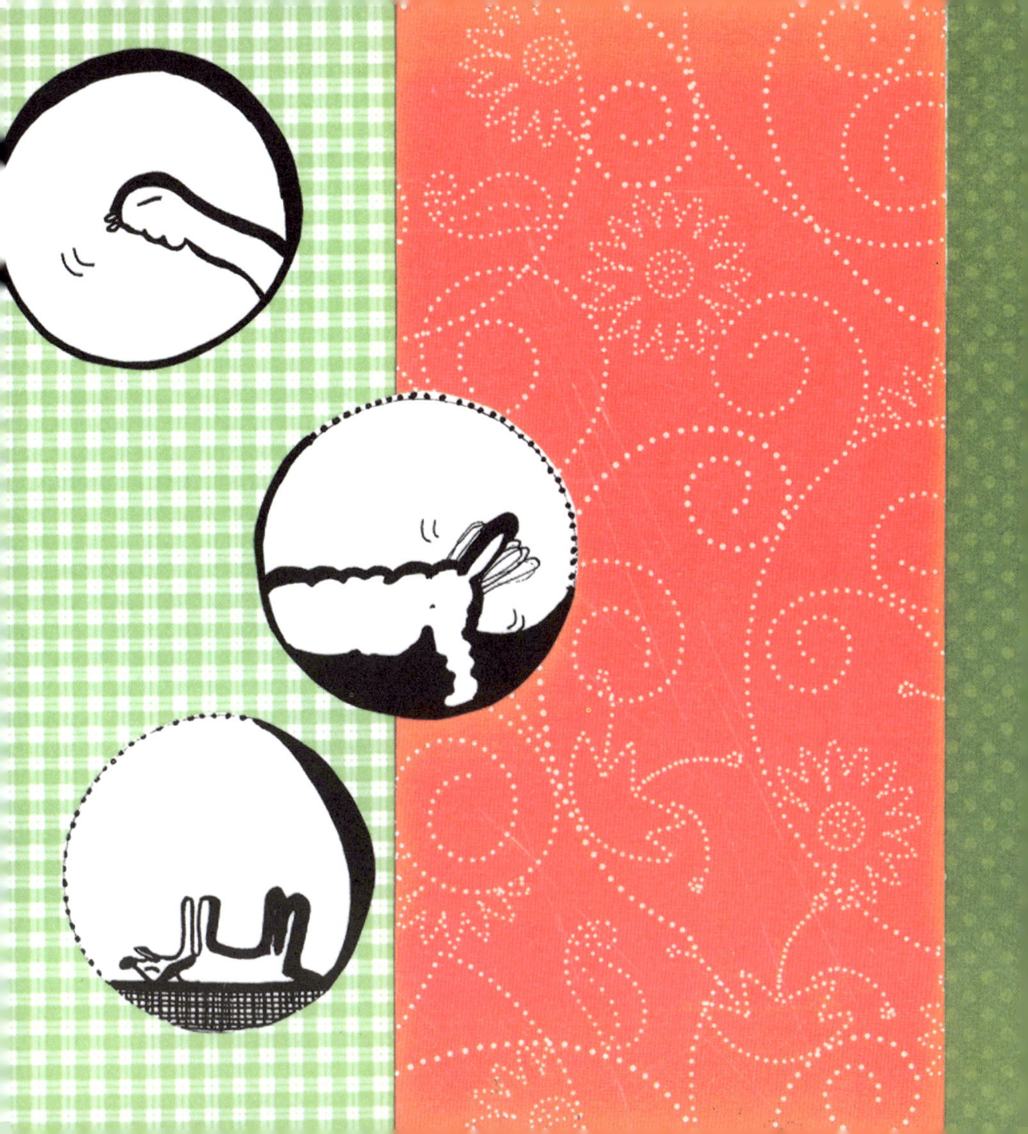

correr atrás e perseguir os sonhos
sem receios;

mostrar os dentes para o medo e para os
pensamentos negativos;

ser leal aos que ama e, acima de tudo,
a si mesma;

marcar território para tomar posse
do que é seu.

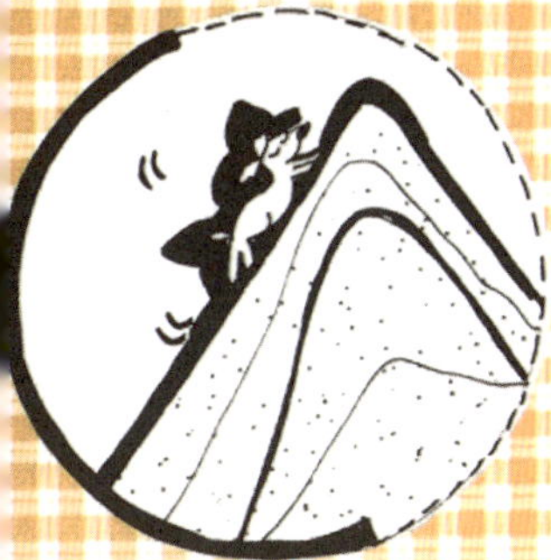

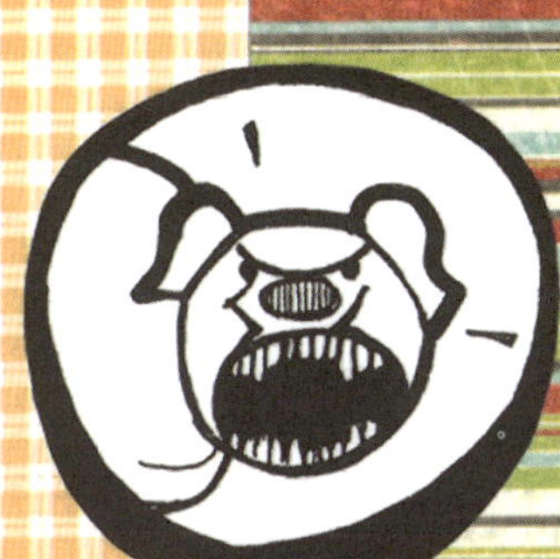

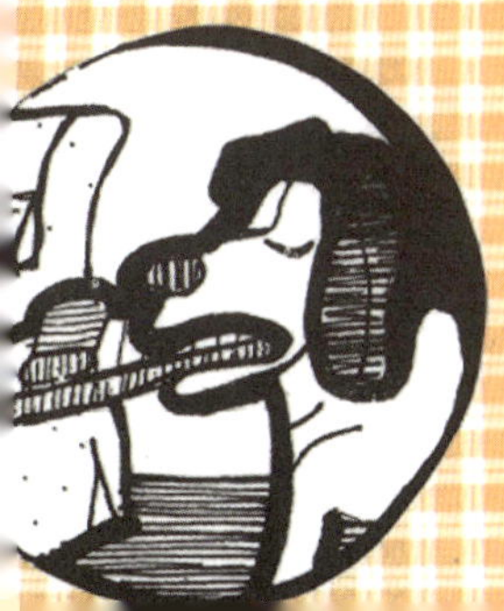

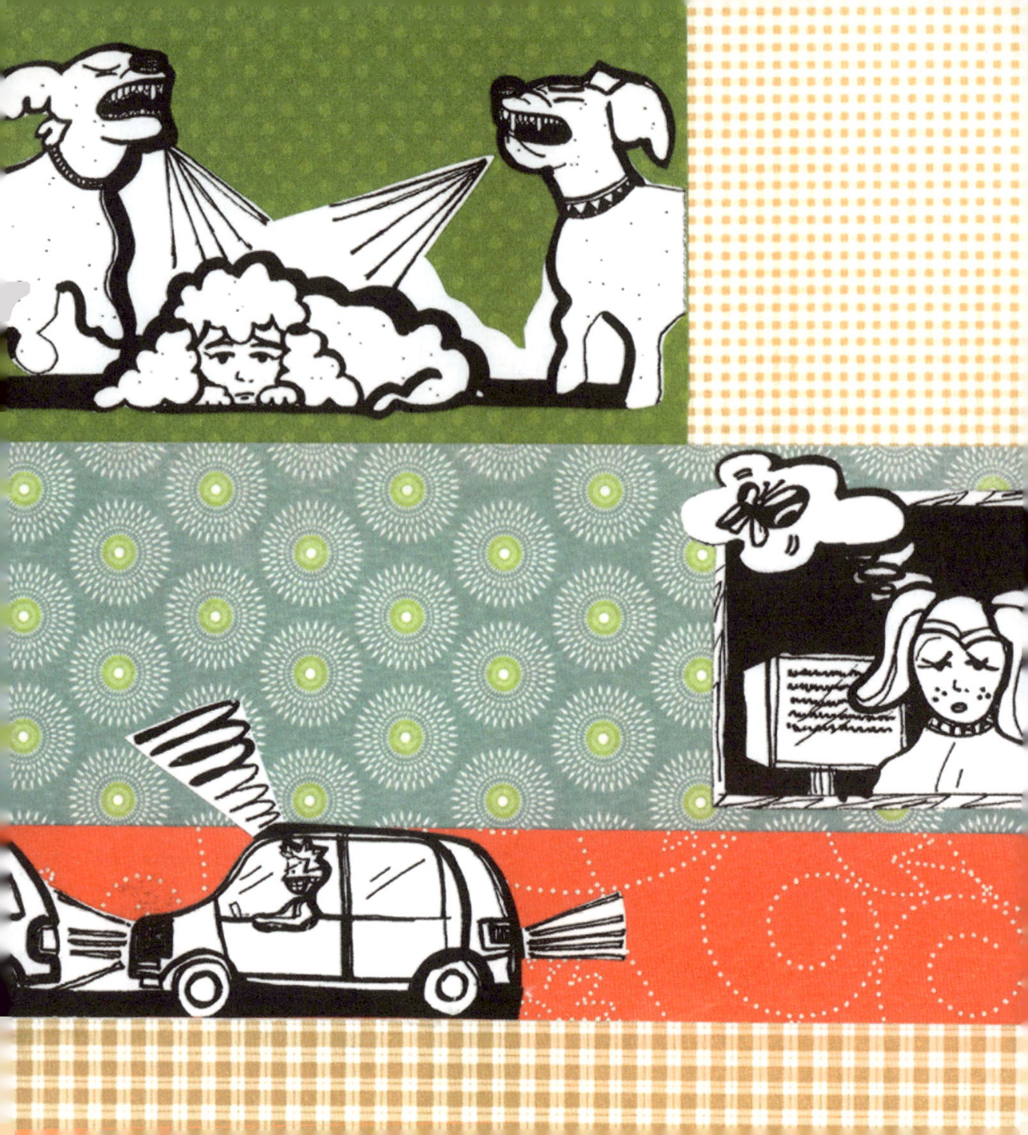

Ao mesmo tempo em que se identificava com as características de cada um e nelas se reconhecia (tinha seu lado *pitbull*, seu lado sociável, dócil, invocado etc.) também percebeu que nem sempre cumpria bem o papel de *dog-walker* de si mesma, a chefe de seu próprio bando, ou melhor: de suas várias Tinas...

Não adiantava levar a Tina "dócil e obediente" a lugares em que precisava lutar por seus direitos; nem a Tina "invocada com estranhos" a festas; nem levar a Tina "que tem horror de ficar presa" todo dia ao escritório; muito menos a Tina "*pitbull*" para enfrentar o trânsito...

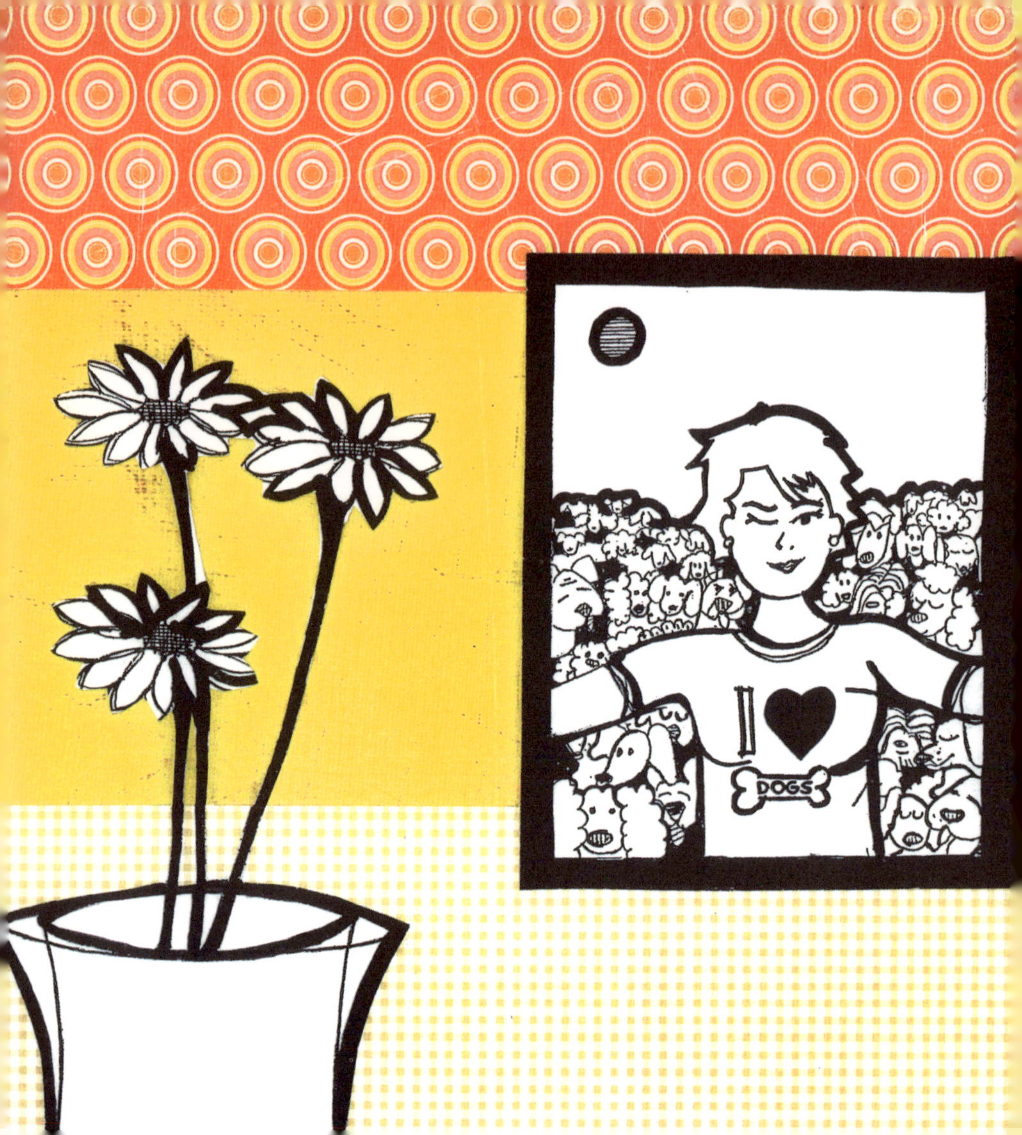

I
DOGS

Era isso: a Tina certa, no momento certo!
Sabia que não seria fácil, mas agora poderia soltar os (seus) cachorros quando e onde bem quisesse, pois, embora sempre aprendiz, saberia assumir soberana o comando do seu passeio-vida.

DANDO UM TEMPO

TIC TAC
MARIDO
JORNAL
PASSAR UNS
CREMINHOS
tic tac
FILHOS
CHEGAR
TICTAC
EMPREGADA
JANTAR
ACADEMIA
COMPRAS
TRÂNSITO
TRÂNSITO
P.M.
A.M.
reunião
acordar crianças
TICTAC
reunião
ligações
reunião
almoço
emails
reunião
planejamento
trabalho
trânsito
12
9
6

Tina estava sempre de olho no relógio.
Sua agenda era tão apertada que o seu maior desafio era a administração do tempo. Ela tinha tempo certo para tudo, mas sua sensação era de que não tinha tempo para nada.

Sentia-se, por vezes, um robô saltando de tarefa em tarefa, sempre pensando na próxima, sem conseguir estar inteira naquilo que fazia. Quando ia dormir, pensava em trabalho; no trabalho, seu raciocínio era interrompido por questões pessoais; durante a malhação, só queria mesmo era dormir e descansar...

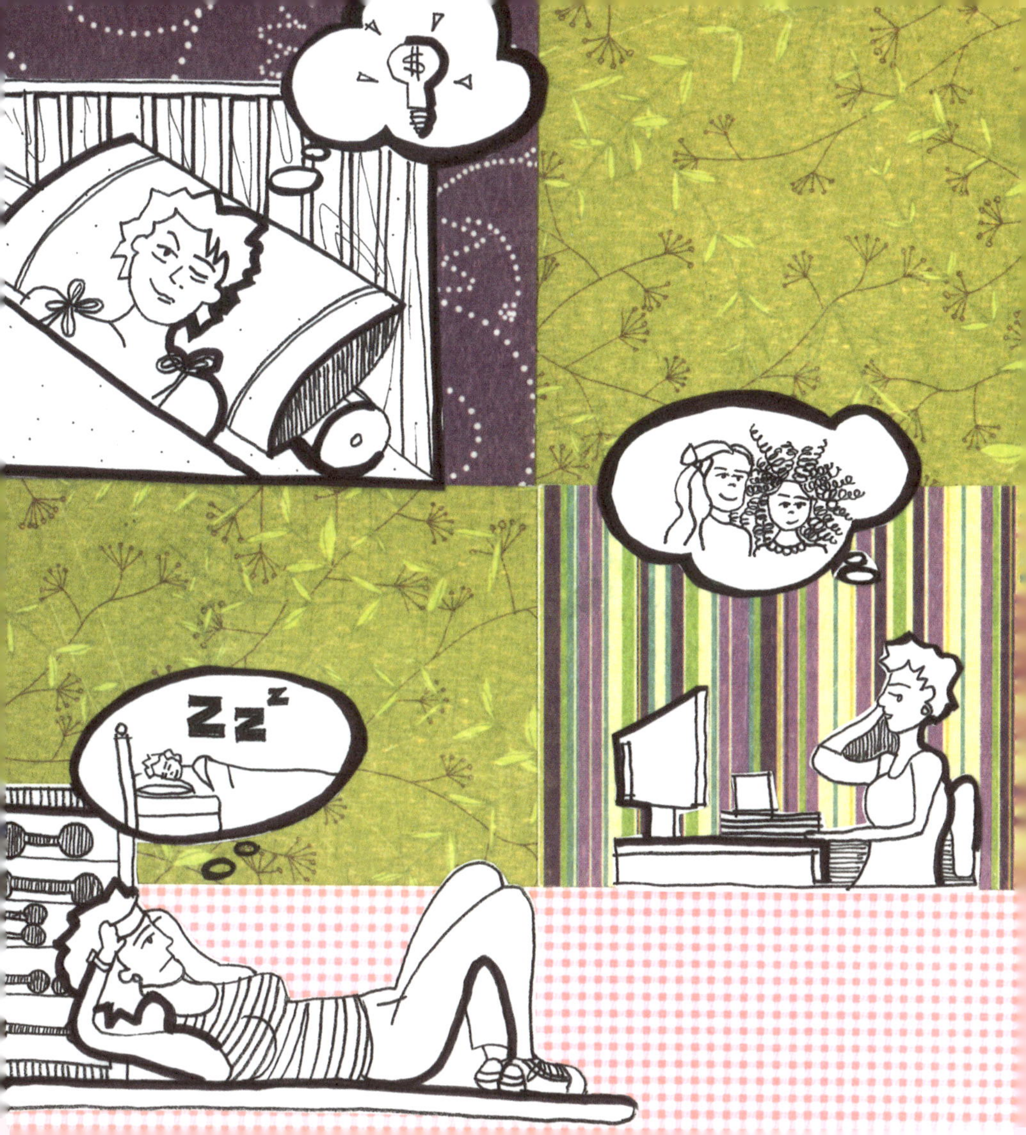
Zzz

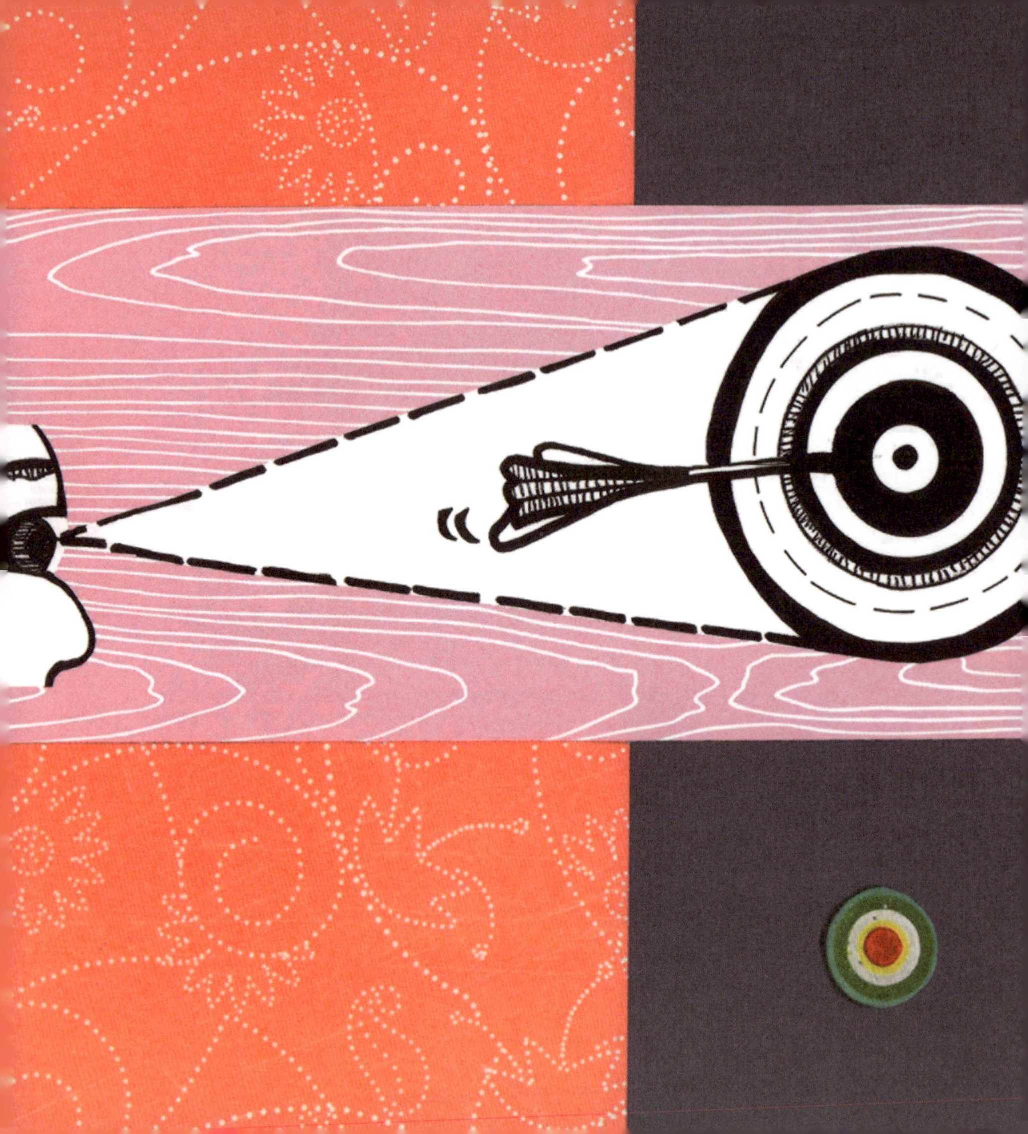

Vivia repetindo para si mesma: *Foco, Tina, foco!*
E foi assim, focando, focando, que se acostumou
à correria, à pressa, ao trânsito, à mesmice, a
ficar com as janelas fechadas, a comer voando
e a se esforçar para ser tudo aquilo que o mundo
esperava de alguém da sua idade e da sua posição...
Mas... ops: tique-taque, trrriiimm... Quando via,
já era sexta-feira, já era novembro, e lá se tinha
ido mais um ano...

Foi justamente numa dessas viradas de ano, às vésperas de completar 40 anos, que Tina começou a ter uns pensamentos estranhos... Ela se olhava no espelho e achava que estava ficando velha, esgotada. Sentia que o tempo era seu inimigo, correndo, assim, implacável. Lembrava-se do passado com nostalgia e, quando pensava no futuro, achava que nada mais interessante poderia acontecer-lhe.

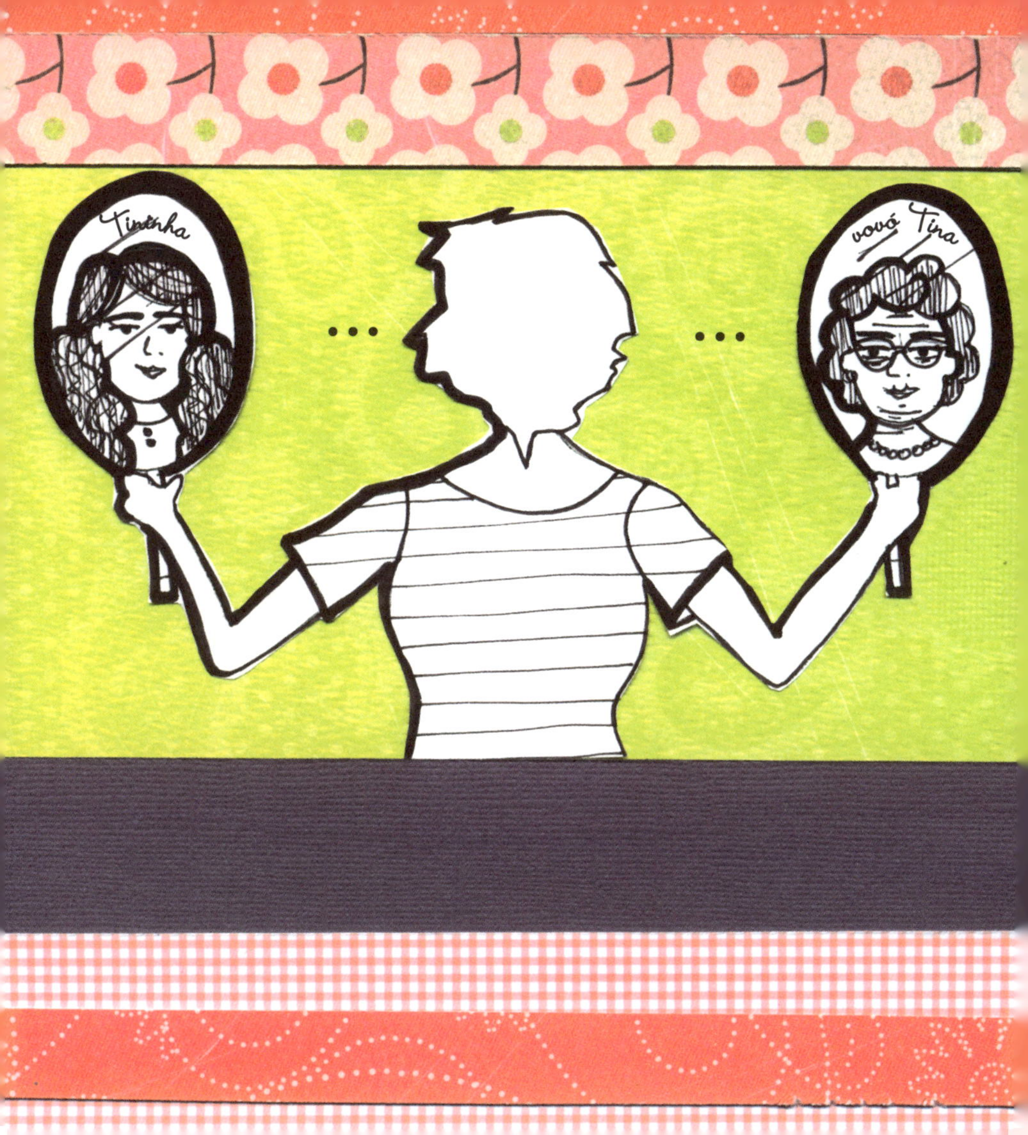
Tininha
...
...
vovó Tina

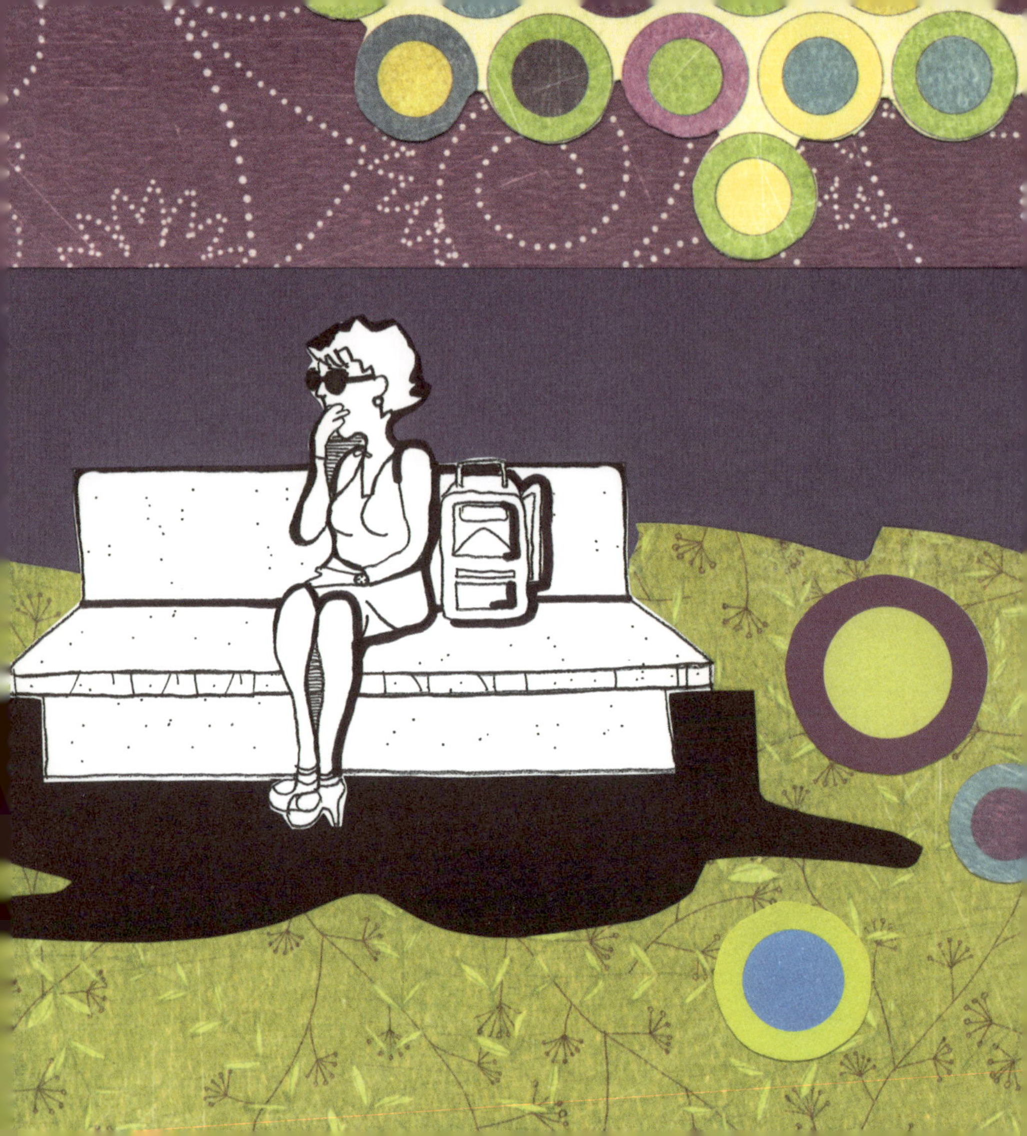

Uns dias antes do seu aniversário, a caminho do supermercado, sentiu-se subitamente muito pesada. Tinha a sensação de estar carregando muito mais peso do que a sua enorme bolsa. Exausta, parou para descansar numa pracinha e, ainda que estivesse com os olhos vidrados, algo lhe chamou a atenção.

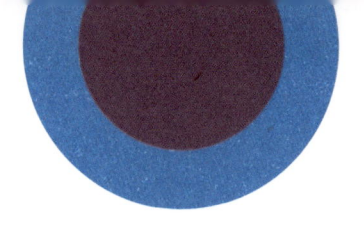

Viu uma menininha fazendo um castelo na areia.
Ela cuidava com gosto de todos os detalhes
do castelo, como se para ela existisse apenas
a leveza e o sabor daquele momento. Afinal, ela
sabia que não poderia levar aquele castelo no
bolso, mas e daí? A vida era agora.
Naquele momento, algo aconteceu dentro da Tina.

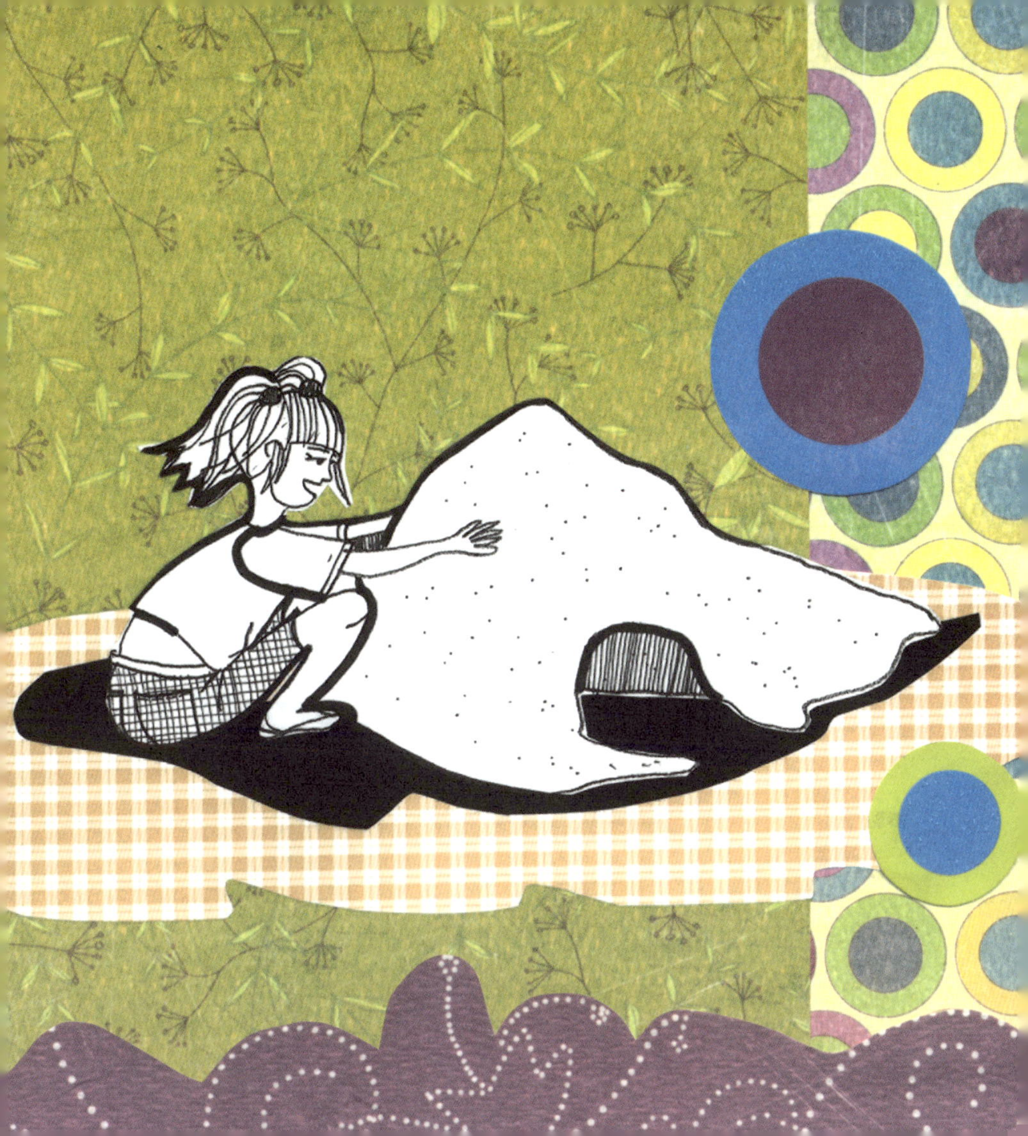

Ela se deu conta de que algum dia também soube viver dessa forma – apenas desaprendera. Com o passar do tempo, foi acumulando um peso, outro, mais um, e só mais um...

De volta a casa, tentou livrar-se de tudo o que lhe pesava e sair para um passeio. Pensou: *Somente o essencial para o dia de hoje!*

neste minuto · aqui e agora · hoje · neste meu mundo · aqui e agora · hoje · neste minuto ·

PRIMEIROS SOCORROS DE BELEZA

Para começar, trocou a bolsa por uma mochila pequena e tirou tudo o que era des-*nécessaire* de sua *nécessaire*: o iPod, que impedia que ela ouvisse os sons do momento presente; os fios dos seus eletrônicos, que só enrolavam ainda mais sua vida...

... deu folga para o relógio maratonista que ela nunca conseguia acompanhar; e saiu sem a agenda e os lembretes que faziam com que ela se esquecesse de viver.

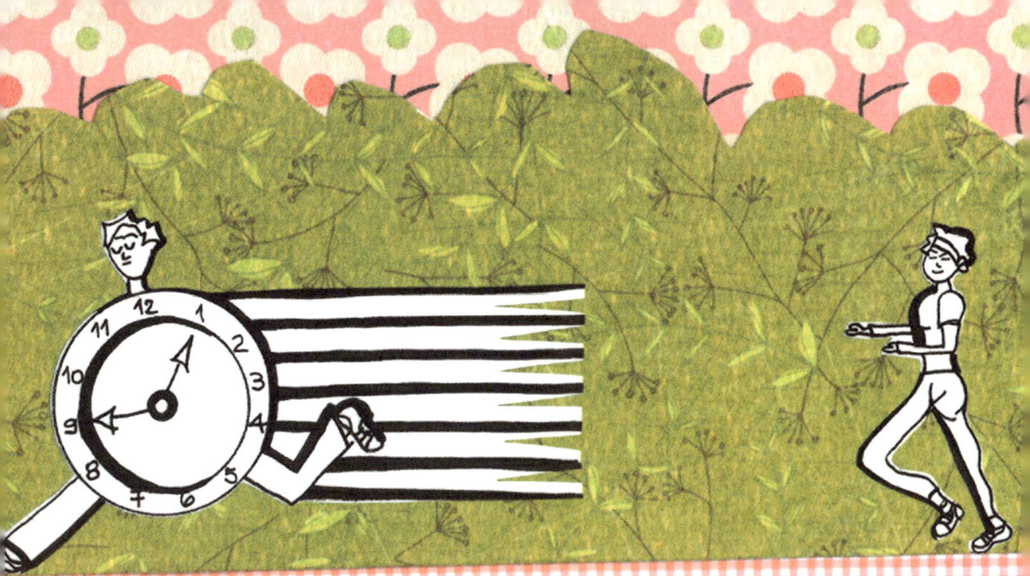
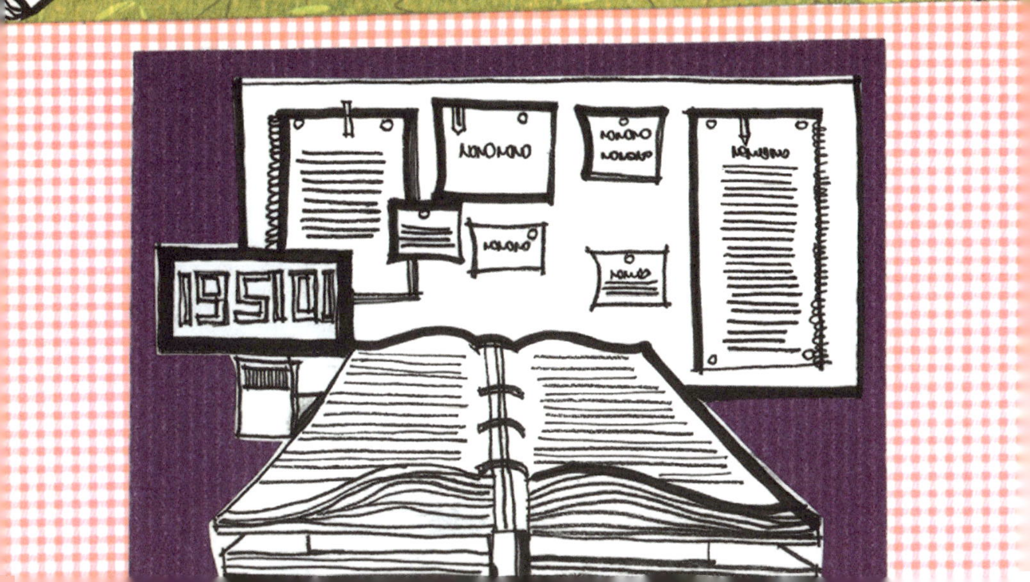

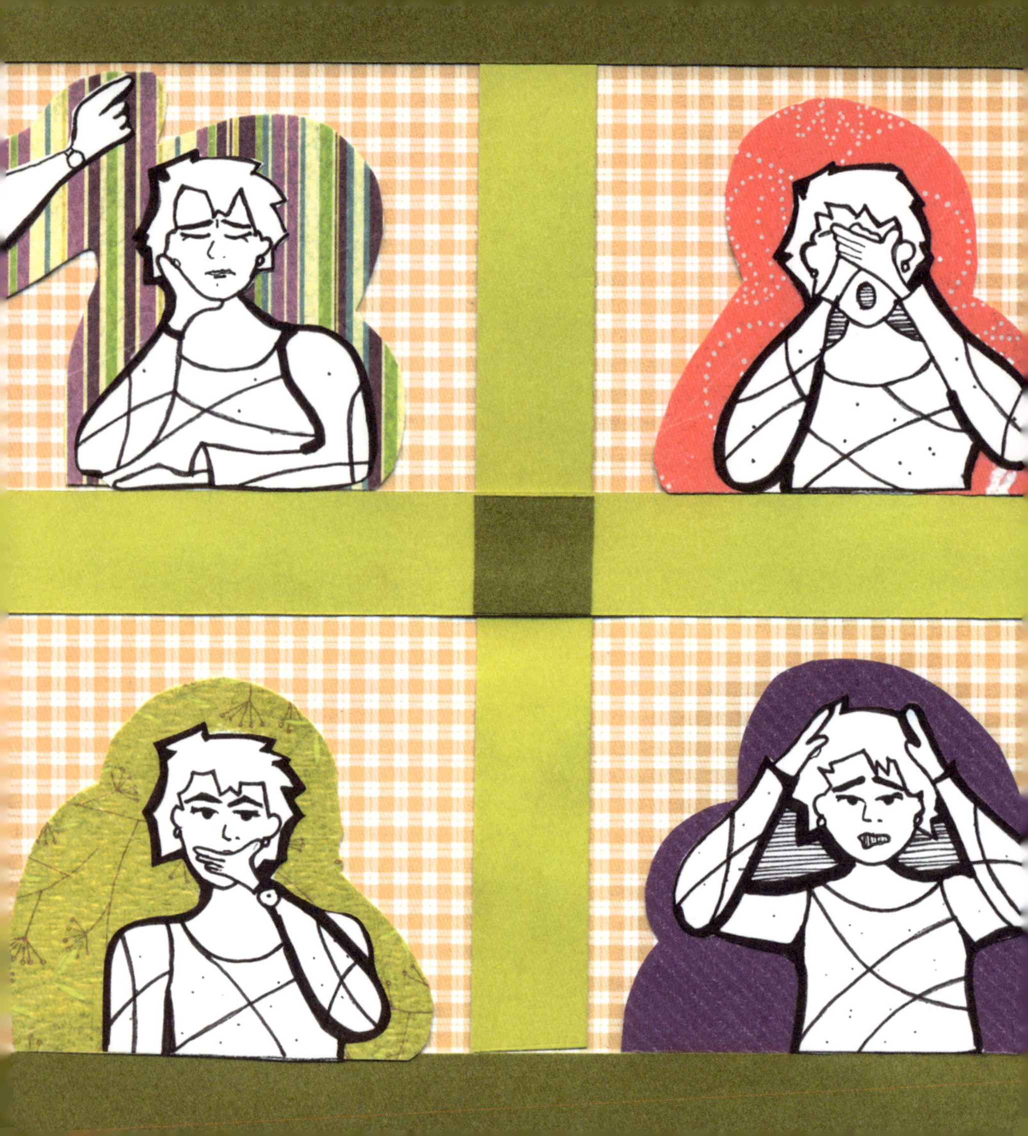

Aproveitando o embalo, procurou tirar da cabeça tudo aquilo que era imaginário, mas que lhe pesava tanto como se fosse real:

as preocupações – *imagina SE, e SE...?*
a antecipação de problemas – *vai ser horrível SE...*
a culpa por tudo – *SE eu tivesse feito diferente...*
os medos – *e SE algo horrível acontecer...?*
expectativas dos outros – *e SE ninguém aprovar...?*

Na mochila, somente o necessário: a capacidade de abrir-se ao novo e encantar-se.
Sentiu-se tão leve após o passeio, que, ao voltar para casa, ligou o som e, quando percebeu, estava praticando "balé espontâneo", ali mesmo no quarto, uma dança cuja graça e beleza não se aprende em nenhuma escola.

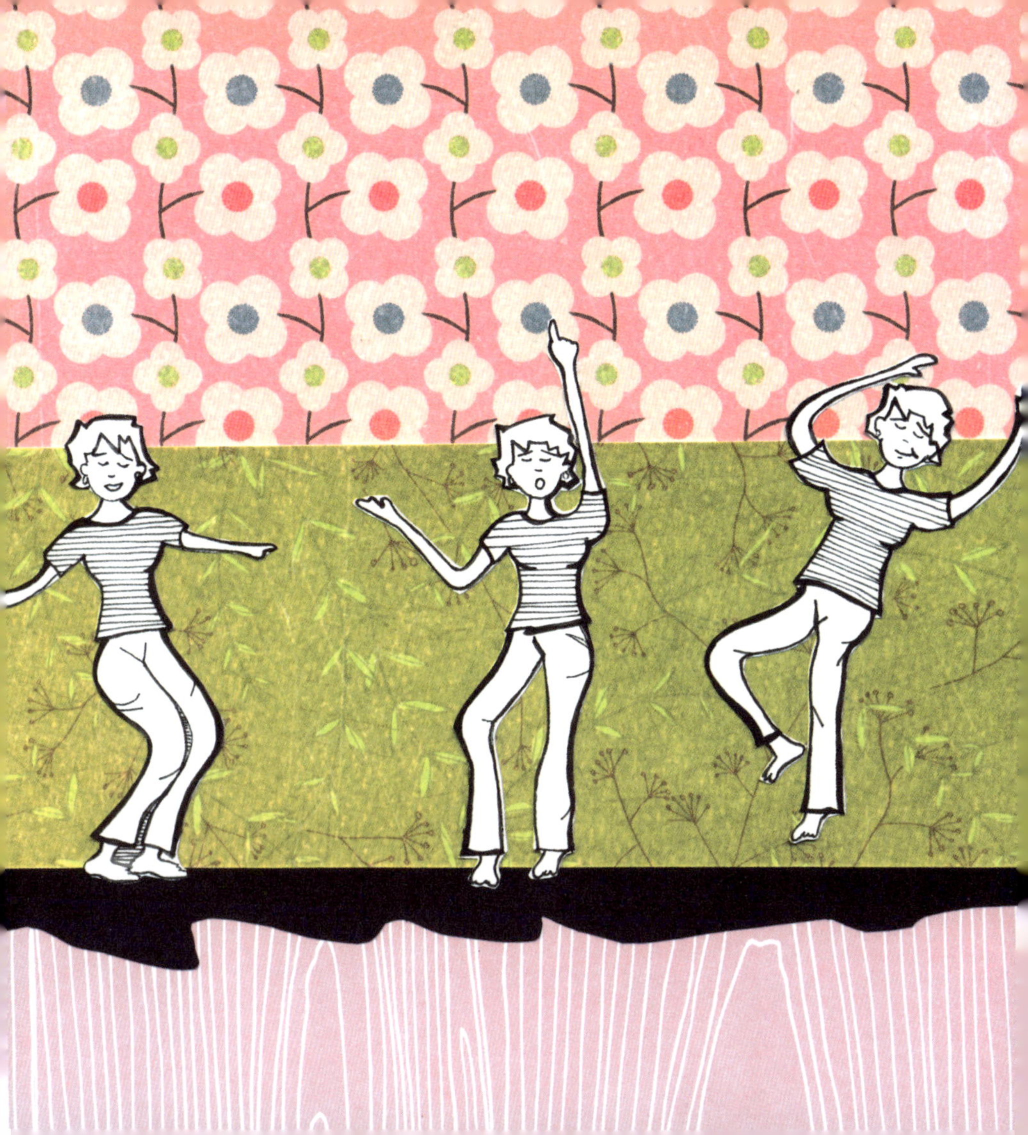

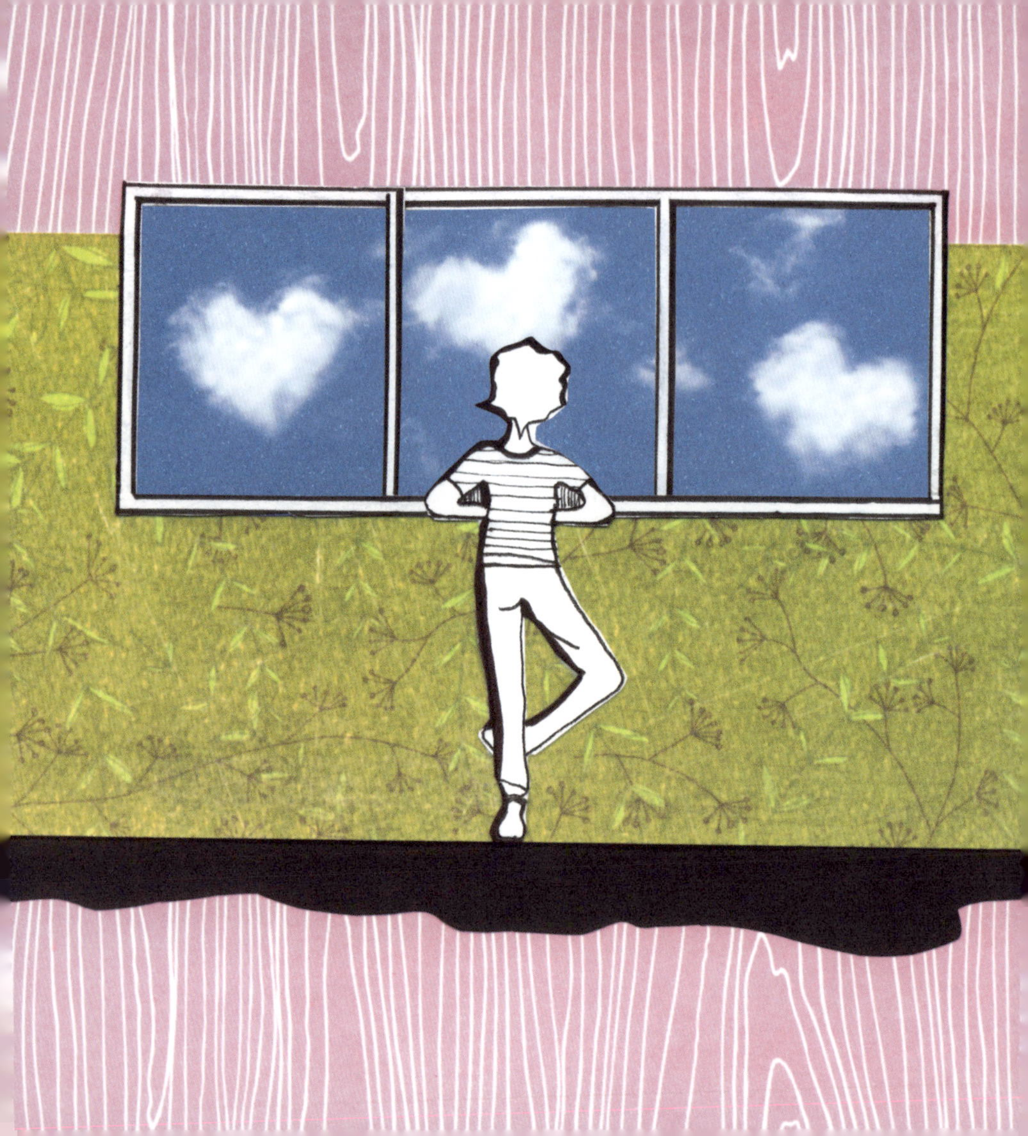

Então, olhou pela janela e viu que as nuvens no céu também apresentavam seu balé espontâneo, reforçando o convite ao aqui e agora.
Quando, nesse exato momento, seu celular tocou, entendeu que o relógio a avisava de que chegara a hora de ser mais livre.

Feliz da vida, Tina aumentou o som.

Copyright © 2011 by Simone Romano

Editoras
Renata Borges
Maristela Colucci

Editora assistente
Lilian Scutti

Produção editorial e gráfica
Carla Arbex

Assistente Editorial
Juliana Almeida

Direção de arte
Simone Romano
Salem

Tratamento de imagens
Dezz digital

Revisão
Mineo Takatama

1ª edição - 2011

Editado conforme o novo Acordo
Ortográfico da Língua Portuguesa

MISTO
Papel produzido a partir de fontes responsáveis
FSC® C003289

Grão Editora
Rua Girassol, 128 - Vila Madalena
05433-000 - São Paulo SP
tel.: (11) 3816-0699 - fax: (11) 3816-6718
vendas@graoeditora.com.br
www.graoeditora.com.br

CIP-BRASIL. CATALOGAÇÃO NA FONTE
SINDICATO NACIONAL DOS EDITORES DE LIVROS, RJ

R667m

Romano, Simone
    Mulheres reciclando a alma / texto e ilustração de Simone Romano. - 1.ed. - São Paulo: Grão Ed., 2011.
        il.
    ISBN 978-85-63313-13-3

    1. Mulheres - Condições sociais - Ficção. 2. Papel social - Ficção. 3. Qualidade de vida - Ficção. 4. Ficção brasileira. I. Título.

11-0276.	CDD:869.93
	CDU: 821.134.3(81)-3

| 14.01.11 | 17.01.11 | 023913 |

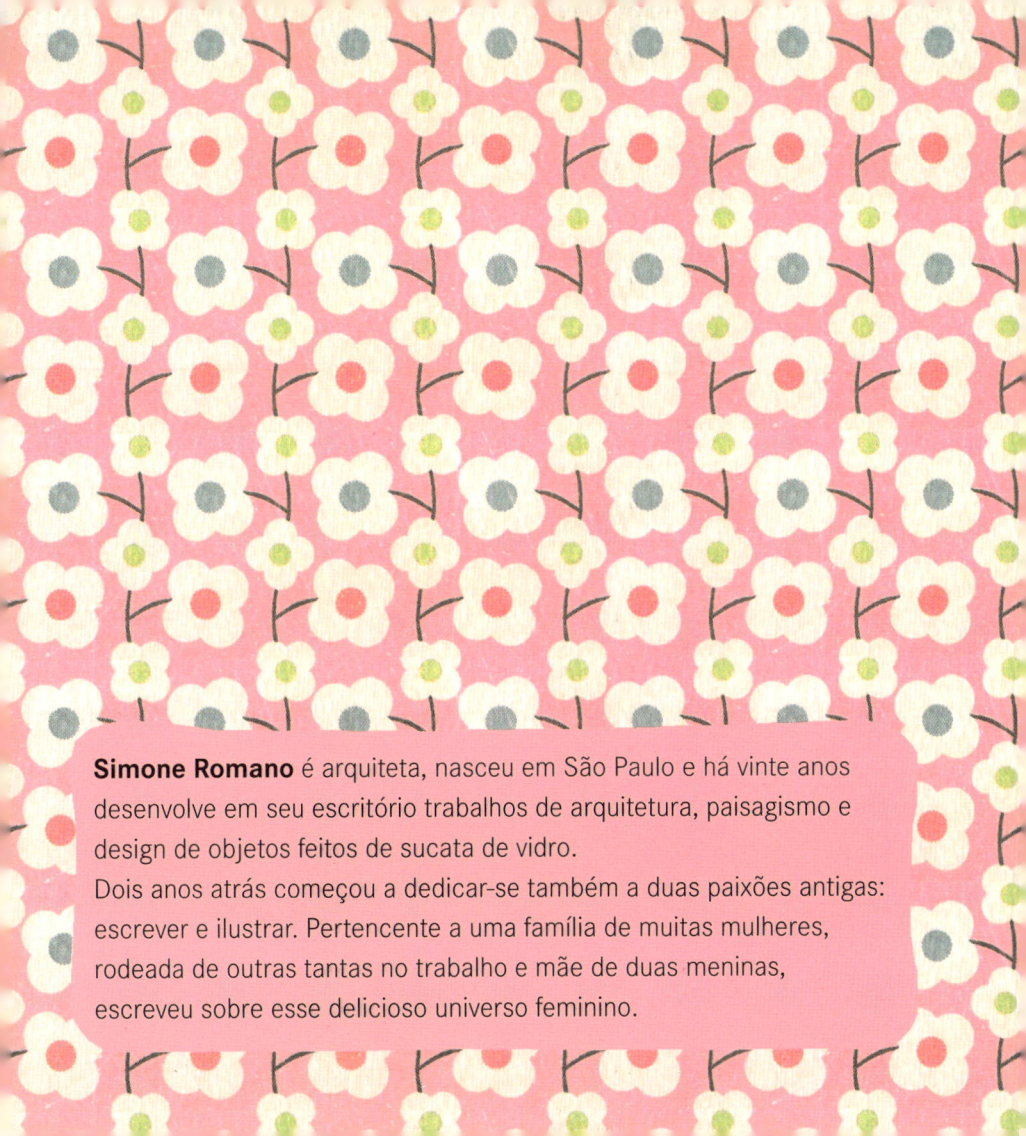

Simone Romano é arquiteta, nasceu em São Paulo e há vinte anos desenvolve em seu escritório trabalhos de arquitetura, paisagismo e design de objetos feitos de sucata de vidro.
Dois anos atrás começou a dedicar-se também a duas paixões antigas: escrever e ilustrar. Pertencente a uma família de muitas mulheres, rodeada de outras tantas no trabalho e mãe de duas meninas, escreveu sobre esse delicioso universo feminino.